江川多喜雄
【編著】

教室でできる クイック 科学遊び

「ふしぎ」を楽しむ
遊び・ゲーム

ベスト44

いかだ社

はじめに
手を育て、頭脳を育てる 手づくり科学あそび

　ヒトは直立二足歩行する動物です。そこで手をもつようになり、手を使っていろいろなものを造りだしてきました。石器や土器からはじまって、いまでは人の頭脳の代わりをするコンピュータまでも創るにいたりました。手と頭の結びついた活動によって、ゆたかな文明を創りだしてきました。

　両手が巧みに働くようにしたいものです。そこでこの本では、そうした遊びの紹介から始めました。

　続いて、つくって遊ぶ科学あそびを紹介していきます。風車も、紙飛行機も、あぶりだしも、紙玉でっぽうも、昔の子どもたちがよくやっていたものです。

　いまの子どもたちにも、こうした手づくりおもちゃで遊んでほしいと思います。テレビゲームやパソコンなどで遊ぶより、手づくりの科学あそびをやるほうが、手や脳の働きをよくします。創造力も育ちます。

　さらに、それをゲームにすれば、友だちと楽しむことができるでしょう。みんなでやれば、いっそう夢中になれるでしょう。科学あそびを意識的にゲーム化してみましたので、少し無理のあるところも感じられるかもしれませんが、みなさんで工夫してやってほしいと思います。

　この本では、できるだけ手軽にできるものを選びました。材料の手配が容易にできるものをと考えました。もっといろいろな材料を使えば、さらにおもしろいものができるかもしれません。この本が工夫してつくりだす参考になれば、うれしく思います。

　ここで紹介した科学あそびをとおして、科学のおもしろさを感じとっていただければうれしく思います。

江川多喜雄

目次

1 器用さで遊ぶ
1. まるめてひらいて………6
2. リンゴの皮むき競争………8
3. 紙ゴマ大会………10
4. ふたプシュ！………12
5. こっちが長ーいぞ！ 葉のスジくらべ………14
6. 豆はこびリレー………16
7. 紙切り大会………18

2 空気で遊ぶ
1. 吹き矢名人はだれだ！（インスタント編）………20
2. 吹き矢名人はだれだ！（工作編）………22
3. ストローグライダーを飛ばそう………24
4. ストロー笛でうたおう………26
5. 10円玉がはねるよ！………28
6. ゴム風船飛ばし大会………30
7. 風車リレー………32
8. ピンポン玉はこびリレー………34
9. 紙トンボを飛ばそう………36
10. 1円玉ジャンプ！………38
11. 落とすな, 落とすな！………40
12. 紙皿フリスビー………42
13. 飛べ！紙ひこうき………44
14. ストローでっぽう大会………46

3 水で遊ぶ
1. ストローで水うつし………48
2. 沈め，浮けリレー………50
3. 水くみ取りゲーム………52
4. エンピツ何本させるかな？………54
5. 残ったら勝ち………56
6. はき出した息の量は？………58
7. 水はこびリレー………60

4 熱で遊ぶ
1. 焼き切り文字づくり………62
2. だれ？ いつ？ なに？………64

5 電磁気で遊ぶ
1. ストロー回しリレー………66
2. コロコロついてこい！………68
3. クモふわふわリレー………70
4. クリップの宙づり………72

6 力で遊ぶ…弾性，慣性など
1. そら！ 飛べ！ 円板！………74
2. 10円玉リレー………76
3. ビュンビュンごま大会………78
4. 1つのフリコだけ動かせ………80
5. 向こう端だけはじけるか？………82
6. フィルムケースごま長く回れ！………84
7. 高くとべ！………86
8. シャクトリムシすすめ！………88
9. 紙抜きリレー………90

7 プラスワン
1. 形づくりゲーム………92

1 まるめてひらいて

手は人の宝物。器用に使いこなしたいものです。
まずは片手で紙をひらいたり,
まるめたりしてみましょう。

1 器用さで遊ぶ

用意するもの　新聞紙やチラシの紙（ざら紙半分大）……グループ数分

声かけ

「この紙を左手だけでまるめて,左手だけでひらいてみましょう」
「まるめて,ひらいてリレーをするよ。はやくできたチームが優勝です」

遊び方

1. 合図とともに1番手が左手だけで紙をまるめて,2番手にわたします。
2. 2番手はそれを左手だけでひろげて,3番手の子にわたします。
3. 最後の人がやり終えればゴールです。
4. まるめるのは,あとの人ほどやりやすくなりますが,ひろげるのはむずかしくなるでしょう。

発展

1. 反対に右手だけでやるとか,あるいは1番は左手,2番は右手……としてもいいですね。
2. 厚さのちがう紙でやってみましょう。紙の質のちがいを手で感じることができるでしょう。

2 リンゴの皮むき競争

「右利きは左手器用」と言った人がいます。両手を連動させることの大切さを語ったことばです。人間の宝物である両手を連動させてみましょう。

1 器用さで遊ぶ

用意するもの
リンゴ……人数分
小型の包丁（家庭科用）……グループ数分

声かけ

「リンゴの皮をできるだけ長くむけるかな？」
　やり方がわかるようにむいてみせます。
「明日はリンゴの皮むき競争をやるので，家で練習してこよう」

遊び方

1. 各グループごとに最初の子が包丁をかまえます。
2. むき終わったら次の子に交代，全員がむき終わったらゴールです。
3. 「いちばん早くむけた子」「いちばん長く切れずにむけた子」「いちばん薄くむけた子」の3種目でチャンピオンを決定します。

発展

1. わりばしペン・わりばしヘラ
   カッターナイフを使ってわりばしを削ってみましょう。競争でなくてもよいので，いいものを作りましょう。絵描きやねんど工作に使えます。
2. エンピツを削るのもよいでしょう。

1 器用さで遊ぶ

3 紙ゴマ大会

紙を正方形に切っただけでコマになります。
コマは回転体ですから，正方形の紙を
クルクル回せばよいのです。

用意するもの
- 画用紙（1/2大）……人数分
- ストロー（1/2）……人数分
- はさみ，セロテープ

・声かけ・

「コマをつくるから，よく見ててね」
　紙ゴマをつくり，回してみせます。
「紙ゴマのできあがりです。だれが長く回せるかな」
　紙ゴマ大会の開会を告げます。

つくり方

1. 画用紙（1/2大）を半分に切り，最初は片方の紙を使います。
2. 対角線で折り，はみ出した部分を切り取り，正方形にします。
3. もう一方の対角線にも折り目をつけ，おちょこ状にクセをつけます。
4. これで紙ゴマのできあがり，つくり方をよく見ていた子どもたちは，もう一度教えなくてもつくれます。

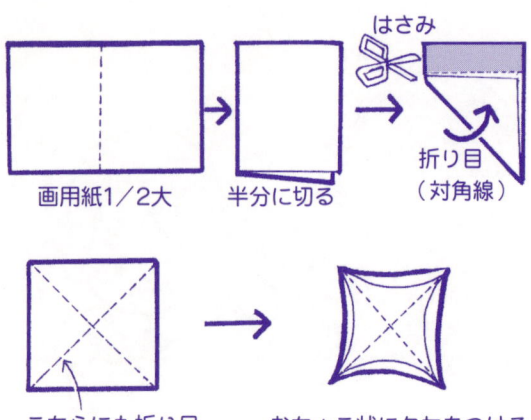

遊び方

1 親指と人差し指を対角線にあててひねれば，紙ゴマは回転します。
（回し方はややむずかしいので，少し練習します。）

2 各グループでもっともうまく回せるグループチャンピオンを決め，最後にチャンピオン大会でクラスのチャンピオンを選びます。

3 チャンピオンが決まったら，もっと手軽によく回る方法を教えます。
　①対角線の交差点（中心）に消しゴムを立てて，クルッとひねります。
　②ゴムと紙の摩擦が大きいのでよく回ります。

1 器用さで遊ぶ

消しゴムを
ひねって，すぐ
持ち上げる

発展

残りの画用紙（1/4大）から紙ゴマをつくり，対角線の交差点（中心）にストローで軸をつけると，いっそうコマらしくなります。

ストロー

セロテープでとめる

4 ふたプシュ！

フィルムケースのふたを指ではさみ，力を増していくと，やがて指とふたの間の摩擦でおさえられなくなり，ふたが飛び出します。どれくらい飛ばせるか，やってみましょう。

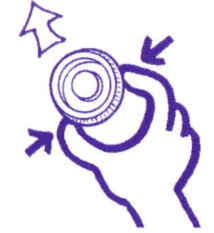

用意するもの フィルムケースのふた……人数分

写真屋さんでまとめてわけてもらうこともできます。マジックペンで各自のイニシャルなどを書いておくと区別しやすいでしょう。

声かけ

「フィルムケースのふたを飛ばしてみましょう」
　子どもたちや天井の電球などに当たらないよう注意して，かるく飛ばしてみせます。

遊び方

1. 体育館（校庭）にいって，飛ばします。
2. 「指の間からすべり出るように飛ばしてみよう」「人のいないほうに飛ばすんだよ」
3. 「いちばん遠くへ」「いちばん高く」などの種目で，まずグループのチャンピオンを決めます。
4. 各グループのチャンピオンの間でチャンピオン大会をやりましょう。

発展

1. 牛乳やヨーグルト（プリン）などのふたを活用してもよいでしょう。
2. 厚紙を切り抜いてさまざまな大きさの円板をつくると，大きさによる飛び方のちがいにも気づくでしょう。

5 こっちが長ーいぞ！葉のスジくらべ

オオバコの葉には，丈夫な太いすじ（葉脈）があります。これをできるだけ長く引き抜く競争をしましょう。校庭にオオバコが生えているなら，みんなで葉を切り取りに行きます。ないときは，子どもたちがオオバコを見つけて，株ごと掘りとって持ってきます。

1 器用さで遊ぶ

用意するもの　オオバコの葉……人数分

声かけ

引き抜いた葉脈を見せて，
「葉のもと（葉柄）のところから少しずつ抜いていくと長くとれるんだ」
「1人ひとりやってみて，できるだけ長くとり出してみましょう」

遊び方

1. 葉柄の葉肉をツメで切って，ゆっくりと引き抜きます。
2. 葉脈は何本もあるので，いちばん長く引き抜けたものの長さ比べをします。

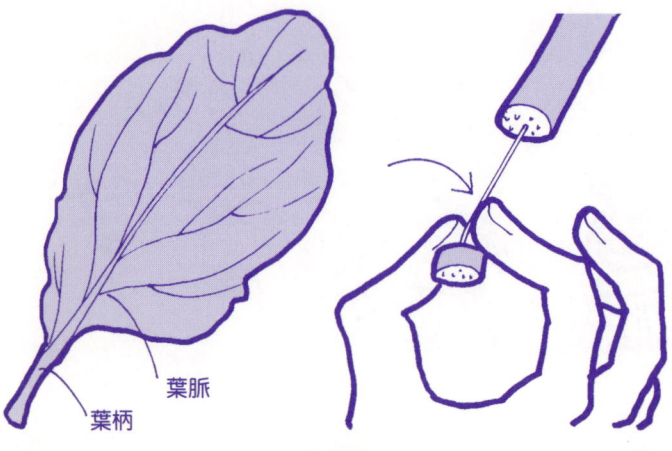

葉脈
葉柄

1 器用さで遊ぶ

発展

1. オオバコは，この丈夫な葉脈があるから，踏みつけに強いのです。いろんな植物の葉脈さがしをしてみるのもよいですね。

2. **オオバコの切りっこ**
オオバコの花穂の柄を交差して引き合い，切りっこをします。切れてしまったほうが負けです。

6 豆はこびリレー

おはしで器用に大豆をつまむことができると，大豆を器から別の器へ移せます。
これをリレー競争でやります。

1 器用さで遊ぶ

> **用意するもの**
> 大豆……各グループ5粒
> 湯飲み茶碗……各グループ2個
> はし……各グループ1ぜん

声かけ

大豆をはしでつまみ，茶碗から茶碗へ移して見せます。
「5粒の大豆を別の茶碗に移したら，次の人に渡します。このリレーをやりましょう」

遊び方

1. 各グループに大豆5粒，湯飲み茶碗2個，はし1ぜんを配ります。
2. 1番手の子の前に大豆5粒を入れた茶碗①とからの茶碗②をセットします。
3. 「ようい，はじめ」の合図とともに茶碗①の大豆をはしでつまんで茶碗②へ移します。
4. 全部移せたら2番手に交代して，今度は茶碗②の大豆を全部茶碗①へ移します。
5. 最後の子までやり終えたら終わりです。
6. 順位を発表し，上手にできた人とうまくできなかった人のはしの使い方を比べます。その後でもう一度やりましょう。
7. うまくできない子がいたら，家で練習してきて，またやるといいでしょう。はしを上手に使える手にしたいですね。

発展

割りばしや竹の丸ばしなどでやって，くらべてみるのもよいでしょう。

7 紙切り大会

新聞紙をテープ状にやぶいてみましょう。
より長くやぶく競争をします。（横方向よりたて方向の
ほうがやぶきやすく，早くできます。）

1 器用さで遊ぶ

用意するもの　新聞紙……1グループに2～3枚

声かけ

長くやぶいた見本を見せて，
「1枚の新聞紙から，どれくらい長くできるかやってみましょう。グループ競争にします」

遊び方

1. 7～8人でグループを組みます。
2. 1人が端まで裂いていったら次の子に交代し，反対向きへ裂いていくよう教えます。新聞紙のどの方向に裂くかは指示せず，自由にやらせます。
3. 「はじめ」の合図で，指を使って新聞紙を裂きはじめます。
4. 時間内なら，最初の子にもどってやってもいいことにします。
5. 「やめ」の合図で，各チームが紙を伸ばして，長さを比べます。長いチームが勝ち。
6. この競争をとおして，新聞紙に裂きやすい向き（目）があることに気づかせます。

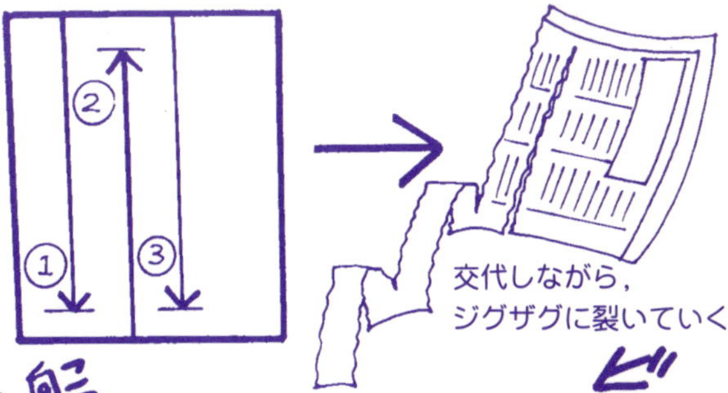

交代しながら，ジグザグに裂いていく。

1 器用さで遊ぶ

こっち向きはちぎりやすいね。

ビリビリ☆

あーっ

・・・発展・・・

どんな紙にも「目」があるのか，調べてみましょう。

この方向のほうが裂きやすい

紙の「目」

1 吹き矢名人はだれだ！
（インスタント編）

「遠くへ飛ばす」から「まとに当てる」へ。
吹く勢いだけでなく，ストローの角度も考えなければなりません。

用意するもの

綿棒……人数分
ストロー（綿棒がすっぽり通る太さ）……人数分
まと……画用紙に三重円を描き，点数を記入する。

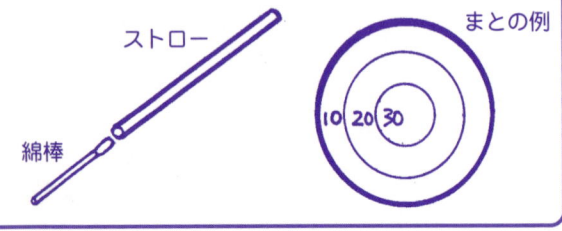

声かけ

「綿棒吹き矢をやろう」
　吹いてみせると，子どもたちは意外によく飛ぶことに驚き，きっとやってみたくなるでしょう。

遊び方

1. 思い思いに飛ばしてみましょう。飛ばす方向は，人がいない方向に統一します。
2. なれてきたら，グループごとに遠くまで飛ばす競争をします。
3. 最後にまと当てをやりましょう。まとまでの距離は，みんなで決めます。
4. 「遠く飛ばし名人」「まと当て名人」を発表します。遠くに飛ばすには，ストローを45度くらい上向きにするとよいことがわかるようにします。

2 空気で遊ぶ

発展

1. ストローを2本つなげて吹いてみましょう。1本と比べて飛び方，まとに当たる確率はどうでしょう。
2. 倒れるまとをつくって競うこともできます。倒れたら「当たーり！」と声をかけると楽しいでしょう。

2 吹き矢名人はだれだ！（工作編）

画用紙の筒に円錐形の矢を入れて，勢いよく吹いて飛ばし，まと当てをします。

用意するもの
- 画用紙……人数分
- 直径1.5cmほどの筒（マジックインキなど）……人数分
- コンパス（紙コンパス）……人数分
- セロテープ，はさみ

・声かけ・

吹き矢を飛ばして見せて，
「自分たちでつくった吹き矢で遊ぼう」

つくり方

1. 画用紙を半分に切ります。（ⒶとⒷ）
2. Ⓐの真ん中あたりにマジックインキを入れて巻き，筒にしてセロテープでとめます。
3. Ⓑに半径3cmの円をえがき，切り抜きます。円を2等分して2枚の半円をつくります。
4. 半円を2でつくった筒にすっぽりはまる太さの円錐形に丸め，セロテープでとめます。

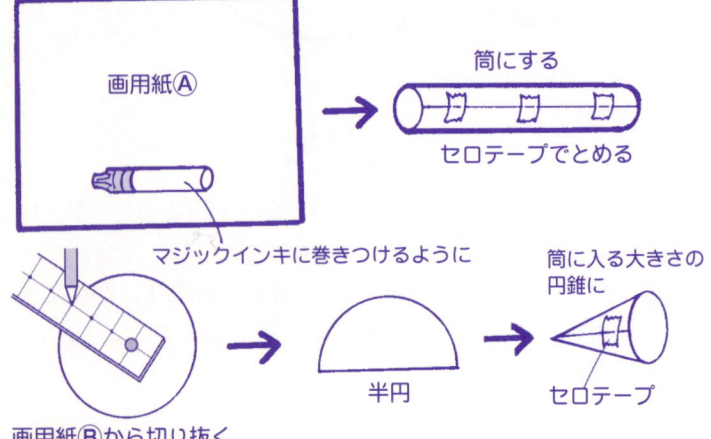

遊び方

1. 人のいない方向へ向けて吹いてみましょう。
2. 点数を書いたまとをつくり，まと当て競争をしましょう。
3. 矢の当たったところの点数が得点になります。1人2回ずつ吹いて，合計点で争います。

注意

矢はかなり勢いよく飛ぶので，絶対に人のいるほうへ飛ばしてはいけません。

2 空気で遊ぶ

発展

箱や人形をまとにして，まと倒し競争もやれます。

3 ストローグライダーを飛ばそう

ストローに羽根をつけてグライダーをつくります。
よく飛ぶように工夫して、飛ばして遊びましょう。

用意するもの
- ジャバラ付ストロー……人数分
- ストロー（ジャバラ付に差し込める細さ）……人数分
- 色画用紙……人数分
- 両面テープ，セロテープ

声かけ

「ストローでグライダーがつくれるよ。ほら，これ」
「みんなもつくって飛ばしてみよう」

つくり方

1. ストローをジャバラの所で折り曲げて，セロテープでとめます。
2. 色画用紙を切り抜いて，羽根を2枚作ります。
3. 羽根を両面テープでストローに張り付けます。

【ストローグライダーの1例】

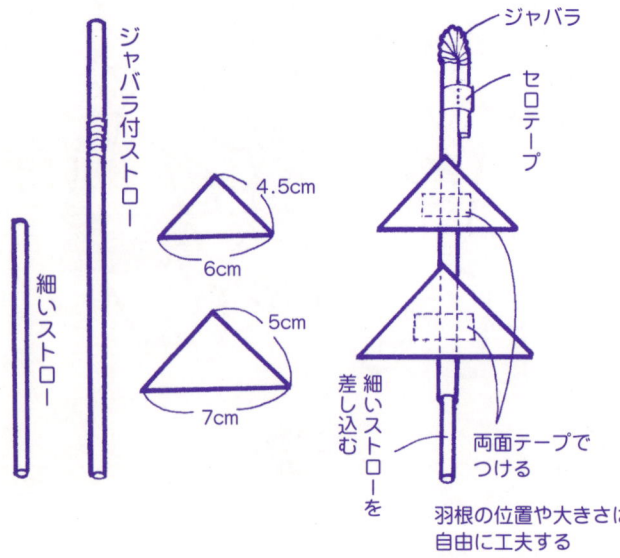

羽根の位置や大きさは自由に工夫する

遊び方

1. グライダーのおしりに細いストローを差し込んで、吹いて飛ばします。
2. だれがいちばん遠くまで飛ばせるか競争します。グループでチャンピオンを選び、学級チャンピオン大会をひらくのもよいでしょう。

発展

羽根の部分にはいろいろな工夫ができますので、各自が自由に作ってみるのがいいでしょう。

1号、2号と残しておくと、工夫したところがわかります。

2 空気で遊ぶ

4 ストロー笛でうたおう

ストロー笛は，短いほど高い音がでます。
グループで長短のストロー笛を準備して，歌を作ってみましょう。

2 空気で遊ぶ

用意するもの ジャバラ付ストロー……1人数本ずつ

声かけ

「ストローが笛になるよ」
　みんなの前でつくって，鳴らしてみせます。
　ピーと音が出ると，みんな作りたくなるでしょう。

遊び方

1. ストローのジャバラから上の部分を切り取ります。
2. 一方の端をつぶすようにしながら，はさみで三角に切ります。
3. 口にくわえて，リードを唇で少しおさえるようにして吹きます。みんなが音を出せるようになるまで，子どもたち同士で協力，考えさせましょう。
4. 長さのちがうストロー笛を何種か作って鳴らし，音の高低の違いを確認します。さまざまな音程の笛ができたら，グループで演奏してみましょう。
5. 各グループでつくった歌の発表会をします。どんなすてきな，楽しい歌ができたでしょう。

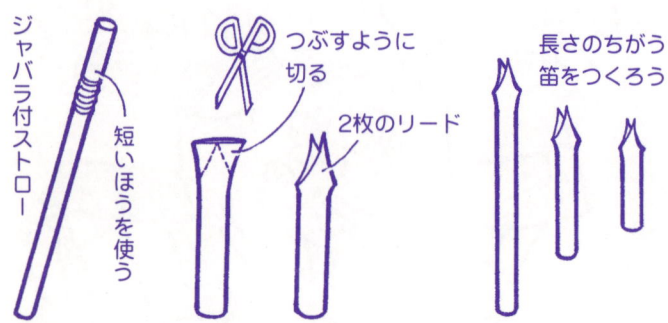

2 空気で遊ぶ

発展

　細いストローでストロー笛を作り，太いストローに差し込みます。
　吹きながら太いストローを前後させると，音程が変わります。「ストローボーン」です。

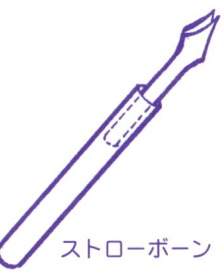

ストローボーン

5 10円玉がはねるよ！

空気はあたたまると，ふくらみます。この性質を利用すると，ビールびんの口に乗せた10円玉をはねさせることができます。この現象をリレーにしてみましょう。

用意するもの
- ビールびん……グループ数分
- 10円玉……グループ数分
- ぬれタオル……グループ数分

2 空気で遊ぶ

声かけ

ビールびんの口に10円玉を乗せて，両手でびんをつつみ，
「10円玉をよく見ててごらん」
しばらくすると，10円玉がコトッとはねます。
「みんなもやってみよう」

遊び方

1. グループごとに座り，1人が10円玉をはねさせることができたら，次の子にわたします。
2. どのグループがはやく最後の子までできるでしょう。「10円玉がはねるよリレー」です。
3. リレーを続けていくと，なかなか10円玉がはねなくなることがあります。
   交代するときに，ぬれタオルでびんを冷やしてみましょう。あたたまったびんの中の空気を冷やしたほうがよいのです。

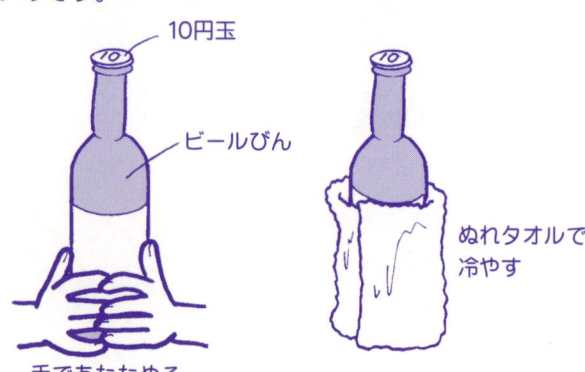

10円玉
ビールびん
手であたためる
ぬれタオルで冷やす

2 空気で遊ぶ

発展

手であたためただけでも空気が膨張することを確かめるには，こんな方法もあります。

1. シリコン栓にとおした管をペットボトルに取り付けます。
2. 管の先を水の中に入れ，ペットボトルを両手であたためてみましょう。管から空気の泡が出てきます。

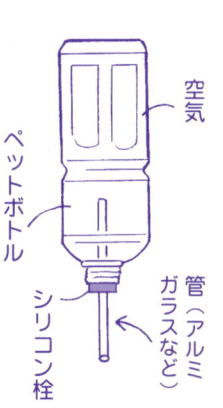

ペットボトル／空気／管（アルミ，ガラスなど）／シリコン栓

6 ゴム風船飛ばし大会

ふくらませたゴム風船を飛ばして遊びながら，
どんな飛び方をするか見つけましょう。

用意するもの
ゴム風船……人数分
画用紙……人数分

2 空気で遊ぶ

声かけ

ゴム風船を息でふくらまし，手をはなすと飛ぶことを見せます。
「ゴム風船飛ばし大会をしよう」
　見つけた飛び方の絵を画用紙に描くよう指示します。

遊び方

1. 各人が思い思いに風船をふくらませては，飛ばしてみます。
2. 吹き込んだ息の量のちがいと飛び方，風船が手や胸にさえぎられるとくっついたように落ちないことなど，発見したことを絵に描きます。
（1枚の紙に描けるだけ，いくつでも描きます。）
3. みんなが描いた飛び方の絵を展示して話し合います。
飛び方のおもしろさだけでなく，描かれた絵のおもしろさも楽しめるでしょう。

発展

ゴム風船にストローをはりつけ，張った糸にとおすと，糸をつたわってロケットのように飛びます。

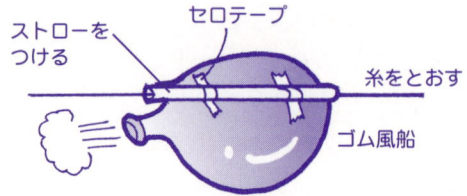

7 風車リレー

走らないとよく回らない風車をつくり，それをバトンにして，風車を回転させながら走るリレーをします。

2 空気で遊ぶ

用意するもの　工作用紙・古はがき・竹ぐし・ストロー……人数分
はさみ，のり，千枚通し（目打ち）

声かけ

「これは風車です」

　見本を見せても，みんなは信じがたい顔をするでしょう。

　そこで，1人の子に，羽根を前に向けるように持たせ，走ってもらいます。クルクル回って，風車であることがわかるでしょう。みんなでつくって，リレーをします。

つくり方

1. 工作用紙からⒶ17cm×3cmとⒷ2cm×2cmのパーツを切り取ります。古はがきを2等分に切ります。（Ⓒ）
2. ⒶとⒷの中心に小さな穴を開け，張り合わせます。
3. Ⓐの両端に，それぞれⒸを張り付けます。
4. 竹ぐしをⒶⒷの穴に通し，固定します。
5. ストローに竹ぐしをさし込みます。
6. できあがったら，各自で走って回してみます。

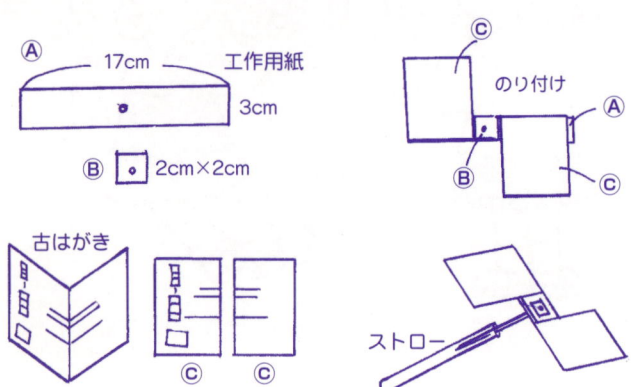

遊び方

1 全員の風車が回転するようになったら，グループ対抗リレーをします。

　① 自分の風車を回しながら走り，次の人にあいている手でタッチしてリレー。

　② グループで1つ風車を選び，それをバトンがわりにしてリレー。

2 はやく最後までリレーできたグループが勝ち。

走っている時，風車がちゃんと回転しているかよく見ましょう。

よく回るのを楽しんでできるとよいでしょう。

2 空気で遊ぶ

8 ピンポン玉はこびリレー

ピンポン玉は球なので、下方から空気を吹きつけると、玉を包むように上へ抜けるため、玉は安定して浮き上がります。このしくみを利用して、ストローを使ったピンポン玉リレーをしましょう。

用意するもの
- ジャバラ付ストロー……人数分
- ピンポン玉……グループ数分
- セロテープ、はさみ

声かけ

加工したストローを取りだして、ピンポン玉を吹き上げてみせます。
「みんなでこれをつくって、ピンポン玉を3つ数えるまで吹き上げ続けられたら次の人に渡すゲームをやるよ」

つくり方

1. ストローのジャバラのすぐ上にセロテープを1巻きします。
2. そこから先の部分を、はさみで2回切って4等分します。
3. 切った部分を外側に開きます。
4. できた人から試してみて、全員ができあがったら、ゲームをしましょう。

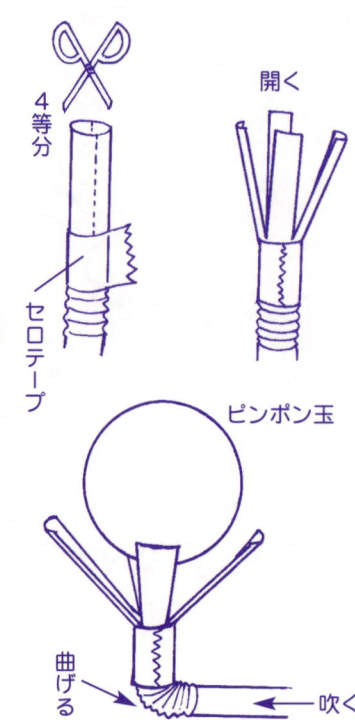

遊び方

1. グループを4つつくります。2チームずつがゲームをして、他のチームの人が審判になります。
2. まず準決勝をやります。2チームが、それぞれ横に並びます。最初の人がピンポン玉を持ちます。
3. 「はじめ！」の合図でピンポン玉を吹き上げます。審判が「1, 2, 3」と数えるまで吹き上げ続けられたら、次の人にピンポン玉を渡します。
4. 次の人も、同じように審判が3数えたら、リレーします。はやく最後の人までできたチームが勝ちです。
5. 準決勝を勝ったチーム同士で決勝戦をして1位、2位を決め、負けたチーム同士で3位、4位を競います。

発展

上手にできるようになったら、吹き上げながら5mほど歩いて次の人に渡す「折り返しリレー」もできるでしょう。

⑨ 紙トンボを飛ばそう

工作用紙で紙トンボをつくり，より遠く，より高く飛ばすことを競い合います。

2 空気で遊ぶ

用意するもの
- 工作用紙……人数分
- 竹ぐし……人数分
- 千枚どおし（目打ち），はさみ，のり

声かけ

「竹トンボを知っているかな？ 竹をけずってつくるんだね。それに似たものを紙でつくって飛ばそうと思います。紙トンボだね」

紙トンボをとりだして飛ばしてみせると，みんなやってみたくなるでしょう。

つくり方

1. 工作用紙からⒶ15cm×3cm，Ⓑ2cm×2cmの2枚を切り出します。（あらかじめカットしておいた紙を渡してもよいでしょう。）
2. ⒶとⒷの中心に小さな穴を開けてから，張り合わせます。
3. 穴に竹ぐしを差し込んで，のりで固定します。（飛び出した竹ぐしの先端は固まってから切り取ります。）
4. できあがったら飛ばしてみます。うまく飛び上がらなかったら，羽根にねじりを入れます。

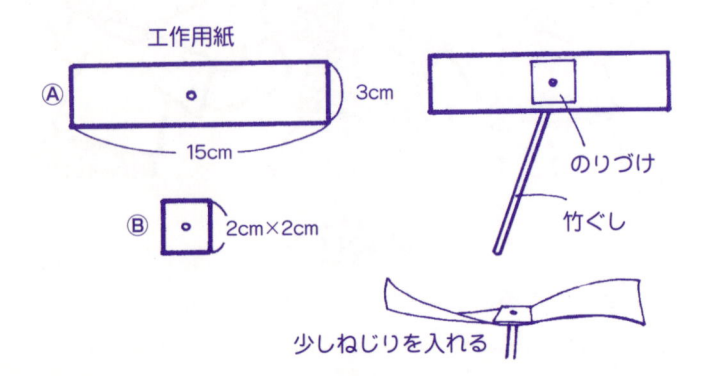

工作用紙
Ⓐ 15cm × 3cm
Ⓑ 2cm×2cm

のりづけ
竹ぐし

少しねじりを入れる

遊び方

1. みんなで飛ばして遊び，だれのものがいちばん高く飛んだか，遠くへ飛んだかを見せ合います。紙トンボ大会です。
2. よく飛んだ紙トンボはどんな工夫をしたのか発表します。みんながまねて，また飛ばしてみます。
うまく飛ばすことができたら，いっそう楽しく遊べるでしょう。

2 空気で遊ぶ

発展

羽根の大きさを変えたらどうでしょう。別の種類の紙を使ったらどうでしょう。羽根のねじりを変えてみたらどうでしょう。

いろいろ試してみましょう。

10 1円玉ジャンプ！

1円玉の上の空気を吹き飛ばすと、上から空気が押す力は小さくなり、下から空気が押し上げる力によって1円玉は浮き上がります。これを利用して、1円玉をジャンプさせて飛ばします。

用意するもの
- 1円玉……人数分
- 皿（灰皿くらいの深さがあるもの）……グループ数分
- 湯飲み茶碗……グループ数分

声かけ

「机の上の1円玉をフッと吹くと……」
やってみせます。
「ほら、ジャンプしたね。1円玉ジャンプゲームをしよう」

遊び方

1. まず各自で練習します。
2. 各グループごとにジャンプの長さ競争をします。1人の試技を何回にするかなどは、グループで決めましょう。
3. 1円玉から20cmくらいはなれたところに皿を置き、その中に1円玉を入れる競争をします。
4. つぎに皿のかわりに湯飲み茶碗を置いて、ジャンプの高さを競うのもいいでしょう。

1円玉の上をフッと吹く

2 空気で遊ぶ

•‥発展‥•

　ざら紙や新聞紙などを2cm×20cmくらいに切り取ります。

　指でつまんで，その指の近くの紙の上側を吹くと，たれ下がっていた紙が上に持ち上がります。これも1円玉ジャンプと同じ原理です。

11 落とすな，落とすな！

ゴム風船をふくらませると
フワフワと浮かせる
ことができます。
3〜4人が協力し，下敷きで
あおいで浮かせながら
運ぶリレーです。

2 空気で遊ぶ

用意するもの
ゴム風船……グループ数分
下敷き……人数分

声かけ

ふくらませたゴム風船をポンポンはじき上げながら，
「ゴム風船をフワフワ浮かせながら運ぶリレーをしよう」

遊び方

1. 校庭にスタートラインとゴールラインを引きます。（風があるときは体育館でやります。）
2. 3〜4人のグループに分かれ，スタートラインに円陣を組むように並びます。
3. 「ようい」で風船を上に投げ上げ，下から下敷きであおぎます。
4. 「はじめ」で動きだします。風船が地面に落ちたら，その場所からやりなおします。
5. 順位が決まったら，どのようなことがむずかしかったか話し合い，再度，競争してみましょう。

発展

1. グループの人数を増やしたり減らしたりしてやってみるのもよいでしょう。
2. ゴム風船の代わりにビニール袋を使ったらどうでしょうか。

2 空気で遊ぶ

12 紙皿フリスビー

円い皿のような形の物を投げる
フリスビーという遊びがあります。
これを紙皿でやってみようというわけです。

2 空気で遊ぶ

用意するもの
紙皿（直径18〜20cm）……1人1枚
のり（セメダイン）

声かけ

「紙皿でフリスビーをやろう」と，見本を投げて見せます。

つくり方

1. 2人ごとにグループをつくります。
2. 各グループで2枚の紙皿を張り合わせます。

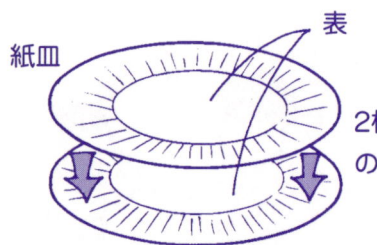

紙皿　表
2枚を重ねて
のりづけ

遊び方

1. 校庭に出て，グループ2人ごとで投げ合います。友だちの投げたものをうまくキャッチできると楽しくなるでしょう。
2. 紙皿の飛び方のおもしろさ，どのようにすればうまく飛ばすことができるか，手で受け取ることのむずかしさなどを話し合いましょう。
3. サッカーゴールに投げ込むゲームもしましょう。

発展

大きさのちがう紙皿でつくってみましょう。

2 空気で遊ぶ

13 飛べ！ 紙ひこうき

紙ひこうきは空気にのって飛びます。うまく空気にのって遠くへあるいは長く飛ばすためには，形や飛ばし方の工夫がいります。空気にのって飛ぶことを確かめながらやる紙ひこうき大会です。

2 空気で遊ぶ

用意するもの　上質ざら紙，画用紙，チラシの紙など……たっぷり　はさみ

声かけ

紙ひこうきを飛ばして見せて，
「紙ひこうき大会をやろう。まずつくり方を教えるよ」

遊び方

1. 上質ざら紙1／4を配ります。
2. 図のように折って紙ひこうきをつくります。（Ⓐ型）投げるように飛ばして遊びます。
3. 今度は各自，自分の好みの紙でⒶ型をつくります。
4. しばらく飛ばしたら，
「投げなくても飛ばせるようにできるんだよ」
と教えます。
5. 図のように翼の後部を切り取り，折り曲げます。（Ⓑ型）
6. 下向きにして落とすと，ひとりでに頭が上向き，飛び始めます。
7. Ⓑ型を使って，長く飛ぶもの，遠くへ飛ぶものの競争をします。
8. 「なぜ，翼を曲げたら，さかさまに落としただけで飛んだのか」を話し合います。
また，どんな工夫をしたらよく飛ぶようになったかも話し合いましょう。

① 折り目をつける ② ③ 裏返す

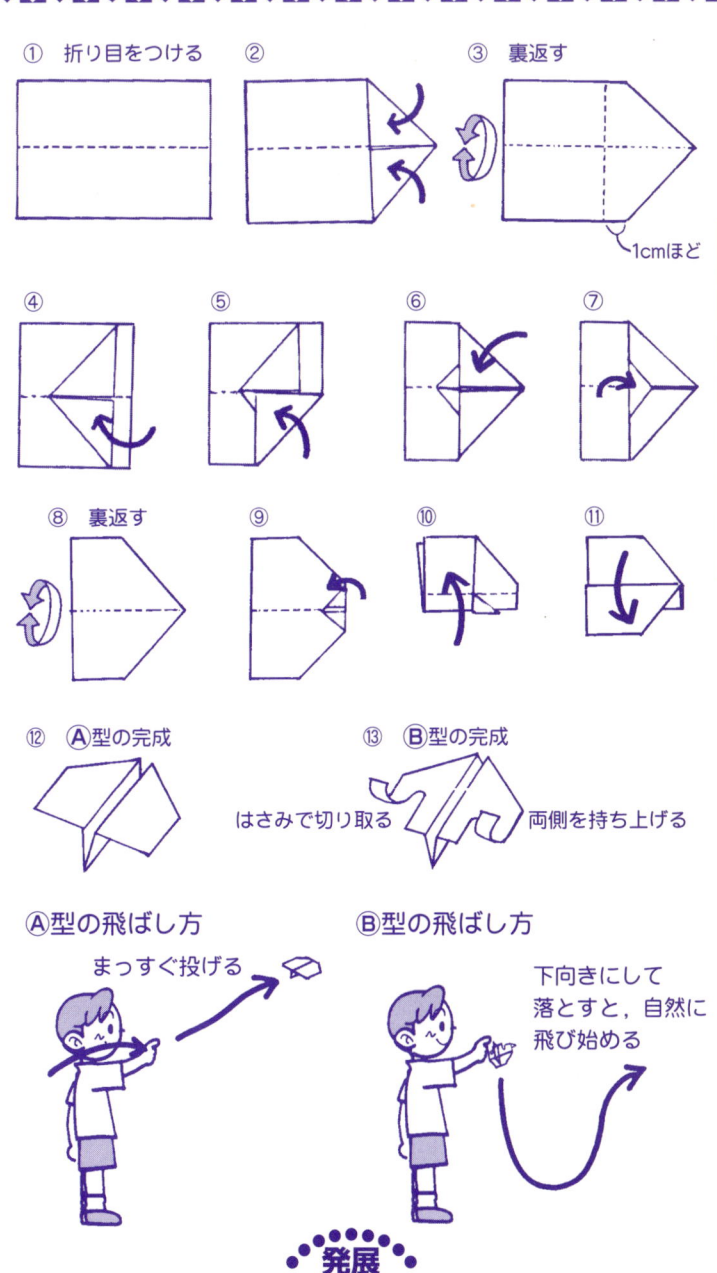

1cmほど

2 空気で遊ぶ

④ ⑤ ⑥ ⑦

⑧ 裏返す ⑨ ⑩ ⑪

⑫ Ⓐ型の完成　　　⑬ Ⓑ型の完成

はさみで切り取る　　両側を持ち上げる

Ⓐ型の飛ばし方　　　Ⓑ型の飛ばし方

まっすぐ投げる

下向きにして落とすと,自然に飛び始める

・発展・

　紙ひこうきには,まだいろいろな種類があります。知っている子に発表させたり,家の人に聞いてきたものを教え合ったりして楽しみましょう。

14 ストローでっぽう大会

筒に紙玉をつめて棒で押すと紙玉が飛び出すおもちゃが「紙玉でっぽう」です。これをストローでつくって、紙玉を遠くまで飛ばしっこしましょう。

用意するもの
- ジャバラ付ストロー（直径6mm）……人数分
- 太い竹ひご（長さ20cmほど）……人数分
- ティッシュペーパー
- 皿などに入れた水……グループ数分

声かけ

見本を取りだし、紙玉を飛ばして見せます。
「これをストローでっぽうと呼ぼう。これをみんなでつくって、遠くまで飛ばす競争をしよう」

遊び方

1. ストローのジャバラから先の部分を切り捨てます。
2. 水で濡らしたティッシュで紙玉を2個つくります。（前玉と後玉）
3. ストローに前玉と後玉をきつく詰めます。
4. 竹ひごで後玉をキュッと押すと、前玉がパンッと飛び出します。よく飛ぶと、みんなうれしくなるでしょう。
5. 飛ばす方向を決めて遠くまで飛ばす競争をします。
6. 飛ばし方についてみんなで話し合いましょう。
    ① 紙玉を固く詰めればよく飛ぶこと
    ② 竹ひごはゆっくりではなくキュッと押すこと
    ③ 筒先を少し上に向けると遠くに飛ぶこと

発展

まとをつくって、まと当てのチーム対抗大会をやってみましょう。

6mm
ここで切る
太い竹ひご
竹ひご
ストロー
後玉
前玉
20cmほど
15cmほど

2 空気で遊ぶ

飛んだ!!
ポン!!
ポン!!
わっ

47

1 ストローで水うつし

ストローをスポイトがわりにして、
水をコップから別のコップへうつします。
時間内にうつせた水の量で競争します。

3 水で遊ぶ

用意するもの
ストロー……各グループ1本
コップ……各グループ2個

声かけ

ストローをコップの中の水に、まっすぐに立てるように入れます。ストローの上の穴を人差し指でふさいで持ち上げると、ストローの中の水は落ちません。

そのまま別のコップの上に持っていって指をストローの穴からはずすと、中の水が下にこぼれ落ちます。

このやり方を見せてから、
「水をあいているコップにうつしかえるリレーをするよ」

遊び方

1. 5〜6人でグループをつくります。
2. 机の上に水を入れたコップと、からのコップをセットします。
3. 合図とともに最初の子がストローで水をうつし、次の子に交代します。
4. 残りの子は横にひかえていて、交代にやっていきます。制限時間がきたら、終わりです。
5. うつした水の量を比べて、多いものから順位をつけます。（ほぼ同じ量のものは同順位です。）
みんな同型のコップを使えば、並べるだけで水の量のちがいがわかります。

指でふさぐ

水

指をはなす

コップ

3 水で遊ぶ

🔸発展🔸

スポイトでもやってみましょう。

スポイトは「空気だまり」（ゴムやポリエチレンの袋）の空気を押し出してから水の中に入れると，空気だまりがもとにもどる分，水がはいります。

2 沈め，浮けリレー

密度の小さなものは密度の大きなものに浮きます。氷は水が凍って体積が大きくなり，密度が小さくなるので水に浮くのです。このしくみを利用した「浮沈子」というおもちゃのゲームです。

3 水で遊ぶ

用意するもの
- ペットボトル（1ℓ）……グループ数分
- 魚型をしたお弁当用の醤油入れ……グループ数分
- エナメル線（細い針金），コップ

声かけ

見本を取りだし，「沈め」と言いながらボトルを両手で押さえると魚が沈み，「浮け」と言いながら手をはなすと魚が浮き上がるようすを見せ，「これをつくって遊ぼう」

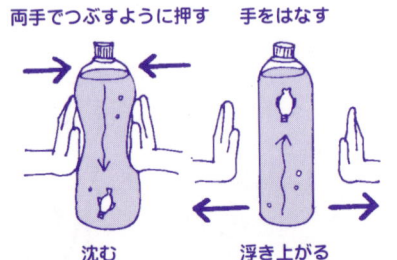

両手でつぶすように押す　手をはなす
沈む　浮き上がる

つくり方

1. 醤油入れのフタに小さな穴を開け，少しだけ水を入れます。
2. フタのまわりにエナメル線を巻きます。
3. 水のはいったコップに浮かべ，尾が水面すれすれになるように，エナメル線の量を調整します。
4. ペットボトルに醤油入れを入れ，水をいっぱいに注いでフタをします。

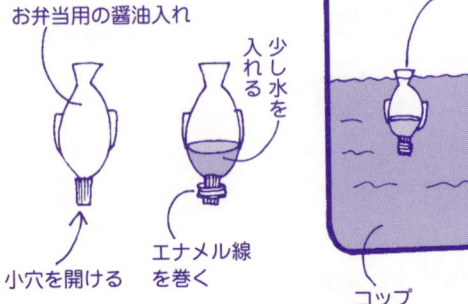

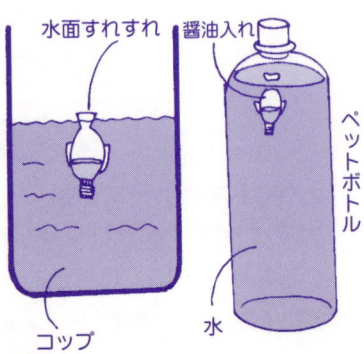

お弁当用の醤油入れ　少し水を入れる　水面すれすれ　醤油入れ
小穴を開ける　エナメル線を巻く　コップ　ペットボトル　水

遊び方

1. グループの最初の子が、「沈め」と言って両手でボトルを押さえます。
2. 醤油入れが底まで沈んだら、「浮け」と言いながら手をゆるめます。
3. 上まで浮いたら次の子にボトルをリレーします。これを繰り返し、最後の子まで終わったらゴールです。
4. はやく終わった順を発表します。うまくできなかったのはどんなときか、話し合います。

3 水で遊ぶ

発展

沈んだり浮いたりするわけを考えてみましょう。
醤油入れは中にはいっている空気によって浮いています。ペットボトルを手でつぶすように押さえると、醤油入れの中に水がはいって空気が押し縮められ、醤油入れの密度が大きくなるので、醤油入れは沈みます。
手をはなすと、醤油入れの中の水が出て、空気の密度はもとにもどり、上に浮きます。

③ 水くみ取りゲーム

図のようにペットボトルを水の中に立てると，中の水は流れ出ません。水槽の水を押す大気圧と，ボトルの中の水の重さ，ボトルの中の空気の圧力が釣り合っているからです。
この現象を利用してゲームをしましょう。

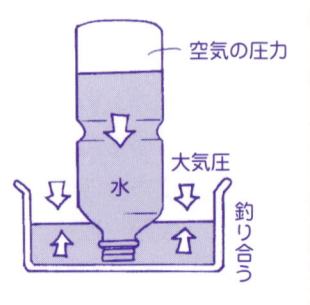

（図中ラベル：空気の圧力／大気圧／水／釣り合う）

3 水で遊ぶ

用意するもの

（1グループあたり）
丸形の水槽……1個
同じ大きさの消しゴム……2個
ペットボトル（500mℓ入り）……1個
スプーン（大）……1本

声かけ

図のように装置を組み立て，水が流れないことを見せます。「では，水槽の水をすくい取るとどうなるかな」
スプーンで水をすくうと，そのぶんボトルの水位が下がることを示します。
「どのグループがはやくボトルの水を少なくできるかゲームをしよう」

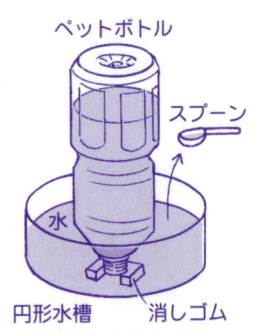

（図中ラベル：ペットボトル／スプーン／水／円形水槽／消しゴム）

遊び方

1. グループごとに装置を組み立てます。
2. 「用意……始め！」の合図で，1人1さじずつ交代で水をくみ取ります。
3. ボトルの肩のところまで水位が下がったらゴールです。（あらかじめ肩のところにマジックペンで統一した印を描いておいてもよいでしょう。）
4. 途中でボトルが倒れたら，最初からやり直します。
5. 順位が決まったら，やってみた感想を発表したあとで，原理を説明します。

3 水で遊ぶ

発展

　右図のように，机の上にモノサシを置き，その上に机に密着させるように新聞紙を敷きます。

　モノサシをテコのように押し下げても，新聞紙は持ち上がりません。大気圧に押されているからです。

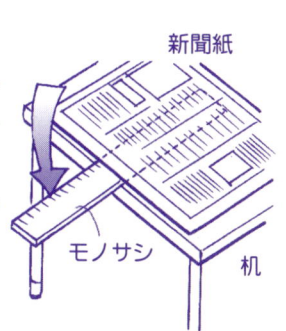

4 エンピツ何本させるかな？

水を入れたポリ袋に，上手にとがらせたエンピツを刺すと，ポリ袋がピンと張っているためにエンピツとの間にすき間ができず，水はもれません。いったい何本くらい刺せるでしょう。

3 水で遊ぶ

用意するもの
- ポリ袋……グループ数分
- エンピツ……各グループに10本ほど

声かけ

みんなで校庭に出て，鉄棒にポリ袋をつるします。
「水を入れたポリ袋をつるして，エンピツを刺すと……ほら，水がもれないね」
やってみせます。
「何本刺すことができるだろう。今日はこのゲームをしよう」

遊び方

1. エンピツをナイフで上手にけずって，よくとがらせます。これがうまくできることも，大事な条件です。グループごとに10本ほど用意します。
2. 各グループで水を入れたポリ袋の口をしばります。
3. グループの順番ごとに，1人ずつエンピツを刺していきます。1つのグループがやっているときは，他のグループの全員が注目します。
4. もっとも多くのエンピツを刺せたグループが優勝です。どのような刺し方をしたグループが勝ったか，そこに法則性があるか調べてみるのもよいでしょう。

3 水で遊ぶ

発展

傘入れのポリ袋でもできるでしょうか。
ためしてみましょう。

傘入れの袋

5 残ったら勝ち

ペットボトルの上の穴から空気がはいると、下の穴から水が出ます。上の穴を指でふさぐと、水の出るのがとまります。このペットボトルをバトンにしてリレーをします。

3 水で遊ぶ

用意するもの　ペットボトル（500ml）……グループ数分
千枚通し（目打ち）

声かけ

　水を入れてフタをしめたペットボトルの底の近くに、ⒷⒸと2つ穴を開けても水は出ません。

　その少し上に1つ穴Ⓐを開けると、Ⓐから空気がボコボコはいり、ⒷⒸから水が出ます。

　Ⓐを指でふさぐと水はとまります。このようすを見せながら、
「水を出しながらリレーをするよ」

遊び方

1. ペットボトルに図のように穴を開けておきます。
2. 各グループの最初の子が、水をいっぱい入れたボトルのⒶの穴を指で押さえてかまえます。
3. 「よーい、ドン」の合図でⒶを押さえていた指をはなして、からだの前にささげるようにして走り出します。（この後、ゴールするまで穴を指でふさいではいけません。）
4. 2番手、3番手とボトルをリレーしていき、アンカーがゴールしたら、Ⓐを指で押さえます。
5. 各グループのアンカーがボトルを持ちよって、残っている水の量を比べます。
　もっとも水が残っているグループの勝ちです。
　（おなじ形のボトルを使えば、全グループのボトルを並べるだけでわかります。）

3 水で遊ぶ

穴Ⓐ
水
穴ⒷⒸ

水がたくさん残っているチームが勝ちよ!!

がんばれーっ

おっとっと

はやくはやくー

発展

ⒷⒸ2つの穴を開けただけのボトルでも、ふたをゆるめたりしめたりすると、水を出したりとめたりできます。ジョウロにもなります。

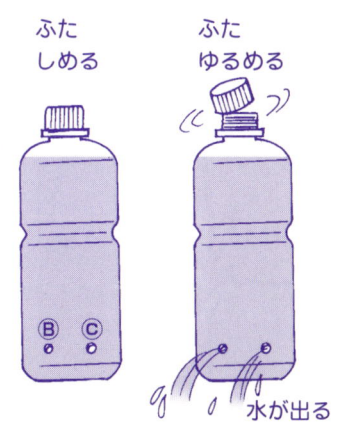

ふたしめる

ふたゆるめる

Ⓑ Ⓒ

水が出る

6 はき出した息の量は？

肺にどれくらい空気を吸い込めるものか、調べてみましょう。水中に入れたペットボトルの中に息をはき出すと、ボトルの中の水が出て、息がたまります。これを利用すれば、はき出した息の量がわかります。

3 水で遊ぶ

用意するもの
ペットボトル（1ℓ）……数本
ジャバラ付ストロー……人数分
水槽、ビーカー

声かけ

「肺の中にどれくらい空気がはいるか調べてみよう」
　装置を組み立てて息をふき込んでみせてから、自分の肺の中の空気の量を調べることを話します。

遊び方

1. 2本のペットボトルに水を満たし、水をはった水槽の中にさかさに立てます。
ボトルをビーカーではさんで固定します。
（さらに子どもたちが交代でボトルを支えます。）
2. 最初の順番の子がストローをボトルの口に差し込みます。
3. 「ようい」の合図でせいいっぱい息を吸い込みます。
「はじめ」の合図とともにストローをくわえて、ゆっくり息をはき出します。

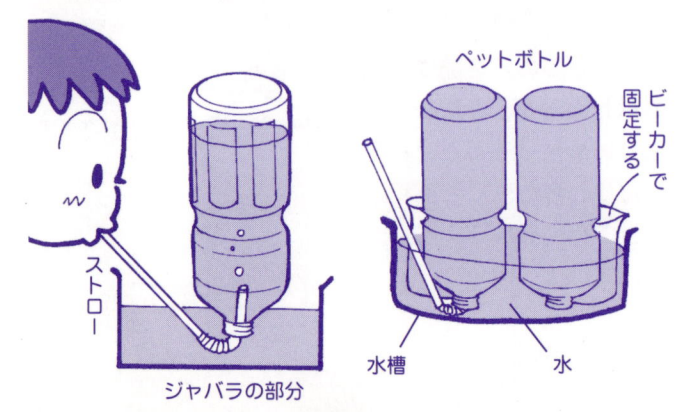

4 1本目がいっぱいになったときは，すばやく2本目にストローを移して，残りの息をはき続けるようにしましょう。

5 順番にみんなの呼気量を調べます。

ペットボトル2／3，1と1／2など，およその量を記録していきます。（ボトル1本が1ℓですから，1と1／2は1.5ℓと言えましょう。）

肺にはいっている空気を，すべてはき出すことはできませんが，おおよその量がわかります。

1番多かった子がチャンピオンをいうことにしてもいいでしょう。

3 水で遊ぶ

7 水はこびリレー

空のペットボトルを水中に沈めると、口から空気がブクブク出て水がはいります。ボトルから水を出すには、ボトルをさかさまにしますが、その時、ボトルを水平に円を描くようにクルクル回すと、口から柱状に空気がはいり、水がサアッと流れ出ます。これを利用した「水はこびリレー」です。

3 水で遊ぶ

用意するもの
ペットボトル（500㎖）……グループ数分
バケツ……各グループに2個ずつ
ものさし

声かけ

ペットボトルとバケツを見せ、「①のバケツで水を入れ、②のバケツで水を出す、水はこびリレーをやるよ」

遊び方

1 ①と②のバケツの間の距離を決めて各グループごとに配置します。①のバケツに水を満たし、その後ろにグループごとに1列に並びます。（グループは4～5人程度がいいでしょう。）

2 「はじめ！」の合図とともに最初の子が①のバケツで水を入れ、②のバケツで水を出してもどってきます。ボトルを受け取った次の子が①のバケツに向かいます。これをくり返して全員が終わったグループから順位をつけます。

3 全部のグループが終わったら、各グループの②のバケツにものさしを差しこんで深さを調べ、水の量の多いほうから順位をつけます。

4 はこんだ早さの順位と、はこんだ水量の順位を発表し、みんなで総合順位をきめます。

3 水で遊ぶ

1 焼き切り文字づくり

虫メガネで日光を集めると，紙を燃やすことができます。新聞紙の文字を虫メガネで焼き切ってみましょう。

4 熱で遊ぶ

用意するもの
- 虫メガネ……人数分
- 色画用紙……グループ数分
- 新聞紙……たくさん

声かけ

新聞紙の文字を虫メガネで焼き切ったものを見せて，「新聞紙の中から文字をひろってことばをつくります」

遊び方

1. グループごとに新聞紙の中から文字をひろってことばをつくります。
2. 文字のまわりをざっくりと切り抜いて，各人に配ります。1人ずつ，担当の文字を虫メガネで焼き切ります。
3. みんなができたら，色画用紙にはっていくと，グループで考えたことばがくっきりとあらわれます。
4. グループごとにできあがった作品を見せ合って，感想やむずかしかったことを出し合います。

発展

1. 1人ひとりが，白い紙に黒色のクレヨンやサインペンでかんたんな絵や文字を書いて，焼き切ってみてもよいでしょう。
2. 虫メガネの大きさを変えてやってみると，直径の大きい虫メガネほど，はやく焼けることがわかります。これは集める日光の量が多くなるからです。

4 熱で遊ぶ

2 だれ？ いつ？ なに？

ざら紙に酢やレモン汁などで文字を書いて乾かすと，文字は見えなくなります。この紙を加熱すると文字が現われます。これが「あぶり出し」です。

4 熱で遊ぶ

用意するもの
- ざら紙……各グループ3枚
- 筆……各グループ数本
- 酢（またはレモンの絞り汁）
- 電熱器（どうしても用意できない時はガスコンロ）

・声かけ・

文字をあぶり出した紙を見せて，
「あぶり出しを楽しくやってみましょう」

・遊び方・

2日に渡って行ないます。

1【1日目】
① 3～4人でグループをつくり，酢（レモン汁）と筆を用意します。
② グループごとに、ざら紙Ⓐに「だれが」（名前），Ⓑに「いつ」（日時），Ⓒに「何をした」を自由に書きます。
③ ⒶⒷⒸごとに紙を集めて乾燥させます。

2【2日目】
① ⒶⒷⒸごとに紙をよく混ぜます。
② 各グループにⒶⒷⒸを各1枚ずつ配ります。
③ 各グループごとに3枚の紙をあぶって文字を浮かび上がらせます。

3 各グループで3つのことばをつないで，できたことばを発表し合います。

組み合わせがおもしろくて，楽しいことでしょう。

Ⓐ ○○が　Ⓑ ○○に　Ⓒ ○○した

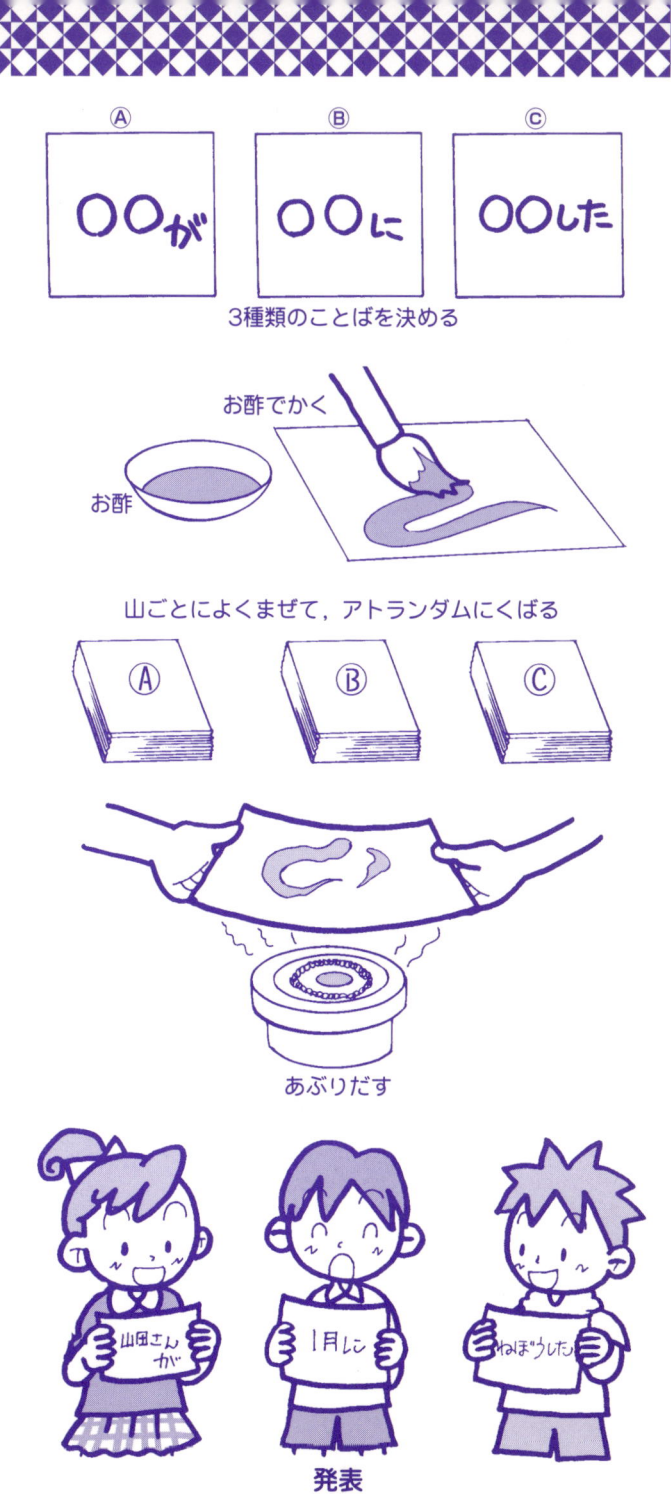

3種類のことばを決める

4 熱で遊ぶ

お酢でかく
お酢

山ごとによくまぜて，アトランダムにくばる

Ⓐ　Ⓑ　Ⓒ

あぶりだす

山田さんが　1月に　ねぼうした

発表

65

1 ストロー回しリレー

ストローをティッシュペーパーでこすると、静電気が起きます。こすった2本のストローを近づけるとはなれようとします。おなじ電気が起きているからです。この性質を使って、ストロー回しリレーをします。

5 電磁気で遊ぶ

用意するもの

ストロー……グループ数×2プラス人数分
フィルムケース……グループ数分
まち針……グループ数分
ティッシュペーパー、ねんど

つくり方

あらかじめ図のような装置をグループ数だけつくっておきます。

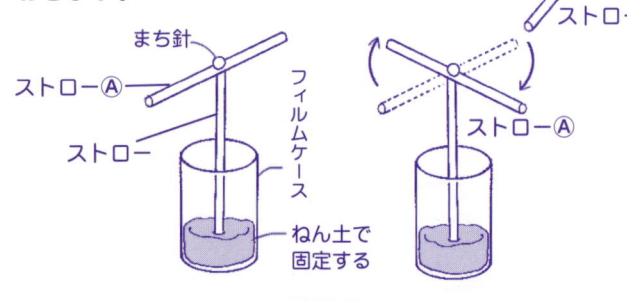

まち針
ストローⒶ
ストロー
フィルムケース
ねん土で固定する
ストローⒷ
ストローⒶ

声かけ

組み立てた装置を取り出し、ストローⒶⒷをティッシュペーパーでこすって、反発するのを見せます。
「Ⓐが1回転したら次の人に渡すリレーをします」

遊び方

1 各グループに装置を1個、子どもたちにストローを1本ずつ配ります。
2 最初の子がⒶとⒷのストローをティッシュでこすります。(その間、他の子たちは自分のストローをこすりながら待っています。)
3 「はじめ!」の合図で最初の子がストローⒶに自分のストローⒷを近づけて1回転させます。

4 1回転できたら次の子に装置を渡し，同じ要領で最後の子まで続けます。

5 いちばんはやく最後までできたグループが勝ちです。

5 電磁気で遊ぶ

・・・発展・・・

いろいろなものをティッシュでこすって，ストローⒶに近づけてみましょう。

どんなものにも静電気が起きることがわかるでしょう。みんな電気持ちなのです。

2 コロコロついてこい！

ストローをティッシュペーパーでこすると，ストローは，マイナスに帯電します。このストローをアルミ缶に近づけると，「静電誘導」により，アルミ缶の一端がプラスに帯電し，ストローに近づいてきます。これを利用して，アルミ缶をはこぶリレーをします。

5 電磁気で遊ぶ

用意するもの
- アルミ缶……グループ数分（洗ってから、よく乾かしておく。）
- ストロー……人数×3本分
- ティッシュペーパー、セロテープ

声かけ

ストローにアルミ缶が近づいてくるようすを実演してみせてから，
「アルミ缶ついてこい！　とストローを動かして，缶を机の左端から右端までころがします」
「これをリレーしてやろう」

遊び方

1. 4人ごとのグループに分れます。4人の机を横に並べてくっつけます。
2. 3本のストローをセロテープで束ねます。
3. 4人が机にそって並び，アルミ缶を机の左端に寝かせます。
4. 各人，ストローをティッシュでこすって準備します。
5. 「はじめ」の合図とともに，1番手がストローをアルミ缶に近づけ，自分の机の端までころがしていきます。
6. 2番手に缶をリレーして，2番手は缶を自分の机の端までころがしていきます。同じようにリレーして，はやく終わったチームが勝ちです。

ストロー3本

アルミ缶が引き寄せられる

セロテープ

5 電磁気で遊ぶ

ゴシゴシ

がんばれ!!

・・・発展・・・

1. 2チームが同時に動かす対抗戦もやってみましょう。
2. 金属は電子が動きやすいので「静電誘導」という現象がおきるのです。では、スチール缶でもできるかやってみましょう。

3 クモふわふわリレー

ポリエチレン製品をティッシュペーパーでこすると，マイナス電気が起きます。マイナス電気どうしはしりぞけ合うという現象を利用したゲームです。

5 電磁気で遊ぶ

用意するもの
雨傘を入れるポリエチレン袋……人数分
荷造り用のポリエチレンテープ
ティッシュペーパー

声かけ

袋とクモをティッシュでこすり，クモを浮き上がらせて見せます。
「このクモをリレーしよう」

遊び方

1. 5～6人のグループに分かれます。
2. ポリエチレンテープを5cmほど切り取り，端を1cmほどねじります。残りの部分をこまかく裂くとクモのできあがりです。
3. 傘入れのポリ袋をふくらませ，口をしばります。自分のポリ袋をティッシュでこすります。
4. クモをティッシュでこすり，交代で浮き上がらせてみます。
5. うまくできるようになったら，グループ対抗のリレーをします。
6. 全員が自分のポリ袋をこすります。1番手がクモをこすり，かまえます。
7. 合図とともにクモを浮き上がらせ，2番手のポリ袋の上に持っていってリレーします。途中でクモを落としたら，そこからやりなおします。
8. 最後の子までクモがはやく渡ったチームの勝ちです。どんなところがむずかしかったかみんなで話し合います。

ポリテープ　　　上をひねる　　　こまかく裂く

5cm
ほど

雨傘入れのポリ袋

5 電磁気で遊ぶ

あっ

ふわふわ

落とさないように!!

いいぞ!!

4 クリップの宙づり

糸の先にゼムクリップをつけ，糸の反対側を机に固定します。磁石にクリップをつけてから，磁石を上に持ち上げていくと，クリップは磁石からはなれても下に落ちません。この「クリップの宙づり」をみんなでやってみるゲームです。

用意するもの
- ゼムクリップ……人数分
- 磁石……人数分
- 糸，セロテープ

声かけ

糸をつけたクリップを指でつまんで見せて，
「磁石で引っ張ると，このままクリップを落とさないようにできるかな。さあ，やってみよう」

遊び方

1. 各自が自分の机にクリップのついた糸をセロテープでとめます。
2. 磁石でクリップを宙づりにします。
「できた」という声がきこえてくるでしょう。磁石を動かすと，クリップもつられて動きます。
3. 5～6人のグループに分かれ，合図とともに1番手から順番にクリップの宙づりをします。
4. 全員ができるのにかかった時間を競い合います。やってみて，上手にやる方法があるか話し合います。

発展

クリップと磁石の間に，ノートや下敷きなどをさし込むと，どうなるでしょう。

5 電磁気で遊ぶ

1 そら！飛べ！円板！

輪ゴムの弾性（伸縮）を利用して円板を飛ばします。円板が指にぶつからない技をみがきましょう。

用意するもの
- 輪ゴム……人数分
- 工作用紙……適当枚
- 紙コンパス（必要ならば）……各グループ1枚くらい

6 力で遊ぶ…弾性、慣性など

声かけ

「輪ゴムで円板飛ばしをやろう」
　子どもたちに当たらないよう注意して、かるく飛ばしてみせます。

遊び方

1 工作用紙に円を描き、切り抜きます（紙コンパスを使うと便利）。大きさのちがう円板を何種類かつくるといいでしょう。

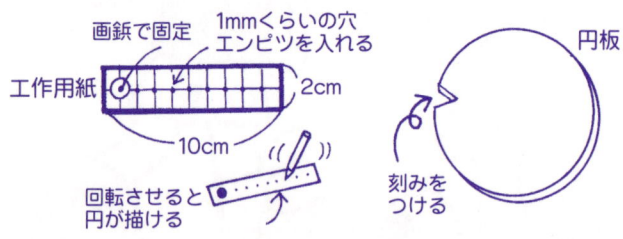

2 ゴムをかける刻みを入れます。円板には各自の名前をかきます。

3 体育館（校庭）にいって、飛ばします。
上手な子はみんなにやってみせましょう。円板の大きさによって、飛び方にちがいはあるでしょうか。

4 「いちばん遠くへ」「いちばん高く」などを競争しましょう。おもしろかったこと、こまったことなどを発表しあいます。

6 力で遊ぶ…弾性、慣性など

・発展・

1 どうしても指にぶつけてしまい，痛がる子がいると思います。そこで，エンピツの先に輪ゴムをとりつけて飛ばす方法も教えるとよいでしょう。

2 牛乳やヨーグルト（プリン）などのふたを活用してもよいでしょう。

3 円板型だけでなく，いろいろな形に挑戦する子がいてもおもしろいと思います。どんな形のものでも回転して飛ぶことが多いでしょう。

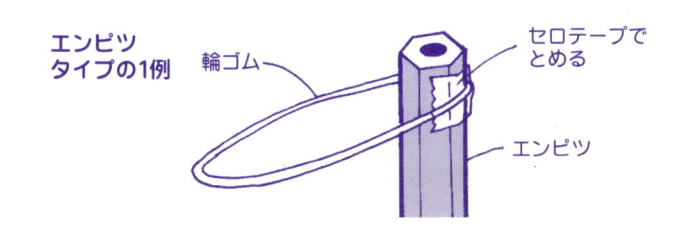

エンピツタイプの1例
輪ゴム
セロテープでとめる
エンピツ

2 10円玉リレー

立てた紙の上に10円玉をのせるなんてこと，できそうにありませんね。しかし，紙を2つ折りにして，10円玉をのせてからゆっくり開いていけばできるのです。
10円玉と紙との摩擦で10円玉の重心が移動して安定を保つからです。

6 力で遊ぶ…弾性、慣性など

用意するもの
12cm×4cmに切った上質紙……グループ数分
10円玉……グループ数分

声かけ

紙の上に10円玉をのせようとしても落ちてしまうことを見せます。
つぎに，紙を2つ折りにして10円玉をのせ，ゆっくり開くと，今度は10円玉が落ちないことを見せます。
「1人ずつやって，最後の人までまわそう。グループごとに競争しましょう」

折り目の部分にのせる。

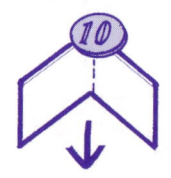

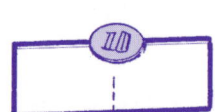

紙を両側にひっぱるようにゆっくり開いていく。

遊び方

1. 合図とともに，最初の子が紙を2つ折りにして10円玉をのせます。
2. 成功したら紙と10円玉を次の子に渡して，その子が10円玉をのせます。
3. 最後の子までリレーしていきます。途中で落としたらやり直しです。
4. はやく最後の子が成功したグループが勝ちです。

6 力で遊ぶ…弾性、慣性など

・・発展・・

1円玉や500円玉はどうでしょう。また，穴あきの5円玉や50円玉でもできるでしょうか。

3 ビュンビュンごま大会

ねじれた糸がもどる力を利用してビュンビュン回転するこまをつくって遊びます。

6 力で遊ぶ…弾性、慣性など

用意するもの
工作用紙……1人1／2ほど
たこ糸……1人1mほど
千枚通し（目打ち），はさみ

声かけ

こまを手に取り回転させてみせます。勢いよく回転させるとビュンビュンと音がします。
「ビュンビュン回るこまをつくろう」

つくり方

1. 工作用紙を5cm×5cmの大きさに切り取り，中央に2つ穴を開けます。
2. 図のようにたこ糸を通して両端を結びます。

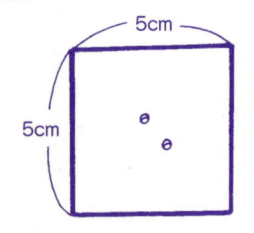

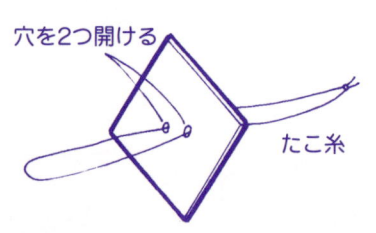

5cm
5cm
穴を2つ開ける
たこ糸

遊び方

1. 糸の両側をもったら，紙の部分をくるくる回して糸にねじれをつくります。糸の両側を両手で引くと，紙の部分が回転します。
2. 糸が伸びきりそうになったら，引いていた両手をゆるめると，糸は反対向きにねじれていきます。両手でひくと、また回転します。これをくり返します。
3. コツをつかむまで苦労する子もいるでしょうが，回転のようすをみんなで見せ合って，回せるようにしていきましょう。

6 力で遊ぶ…弾性、慣性など

発展

1. 紙の部分に色を塗ったり，大きさや形のちがうものをつくるのもいいでしょう。
2. 足も使って，一度に何個回せるか競い合うのもよいでしょう。
3. 穴の部分が破れてきたら，図のように両側にボタンをはめると丈夫になります。

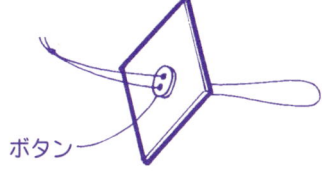

ボタン

4 1つのフリコだけ動かせ

ふりこは短いものほど速くゆれます。長さの異なる3個のふりこをわりばしに付け，わりばしを動かす速さを工夫すると，1個のふりこだけをゆらすことができます。これをみんなでやってみます。

6 力で遊ぶ…弾性、慣性など

用意するもの
5円玉……1人3枚（各自が用意する）
わりばし……人数分
裁縫糸

声かけ

用意した見本を見せて，
「短いふりこだけ動かしてみせるよ」
短いふりこだけが動くようすを見せたら，
「みんなでやってみよう」

遊び方

1. 5円玉に糸をむすびつけ，糸の端をわりばしにはさむようにして固定します。
2. 3個のふりこの長さは，5cm，10cm，15cmを目安にします。
3. 完成した子から，いちばん短いふりこだけを動かす練習を始めます。最初にできた子がみんなの前でやって見せます。
4. みんなができるまで練習します。他のふりこが少しゆれてもかまいません。
5. 次は，いちばん長いふりこだけ動かせるよう練習しましょう。

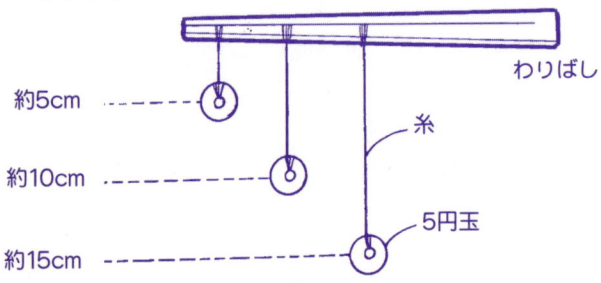

6 力で遊ぶ…弾性、慣性など

発展

　長さ1mのふりこをつくってゆらしてみましょう。

　ふりこが1往復する時間が2秒ほどになるはずです。このふりこでは時間を計ることができます。

　1秒で1往復するふりこがつくれたら，すばらしいですね。

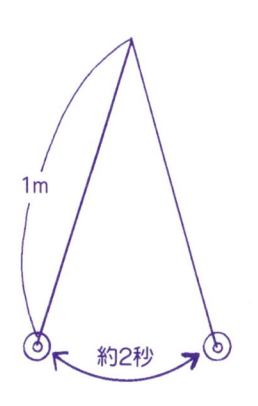

5 向こう端だけはじけるか？

おはじきを指ではじいて、もう1つのおはじきにぶつけると、それにくっついていたおはじきがはじき飛ばされます。紙に描いたサークルからはじき出すゲームをします。

6 力で遊ぶ…弾性、慣性など

用意するもの
おはじき……適当数
画用紙……グループ数分

声かけ

おはじきを取りだして、はじいてみせます。
「サークルの中のおはじきをはじいて、外に出たおはじきをいただくゲームをしよう」

遊び方

1. 4人ごとにグループをつくります。画用紙にサークルを描き、その中におはじきをばらまきます。(数は適当にきめます。)
2. 1人1回交代で、サークルの外からおはじきⒶをはじきます。
3. 中のおはじきの1つⒷにぶつけ、ⒷをとなりのおはじきⒸにぶつけて、Ⓒだけをサークルの外にはじき出す、というルールです。
4. はじき出したおはじきは、自分のものにできます。もしはじき出せなくても、次の子に交代します。
5. 最後には、サークルの中にⒶⒷの2個のおはじきだけが残ることになります。各自のおはじきの数を数えて、多い人が勝ちです。
6. 時間の許すかぎり何回戦でもやることにします。子どもたちは、はじき方を工夫するでしょう。

はじく

はじかれる

サークル

6 力で遊ぶ…弾性、慣性など

よ〜し
がんばれ〜っ
ふたつ取ったョ!!
ぼくはみっつ!!

•••発展•••

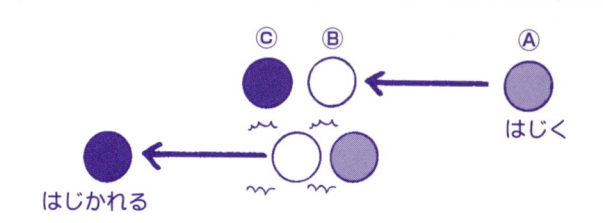

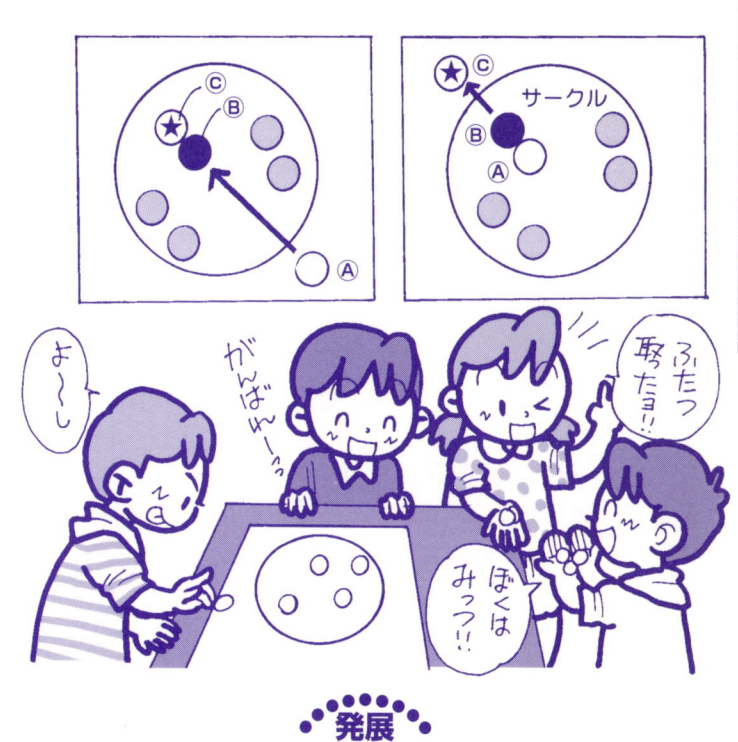

1. おはじきの代わりに、ボタンなどを使ってもよいでしょう。
2. 体育館で、ドッジボールを使って「おはじき」をやってみましょう。

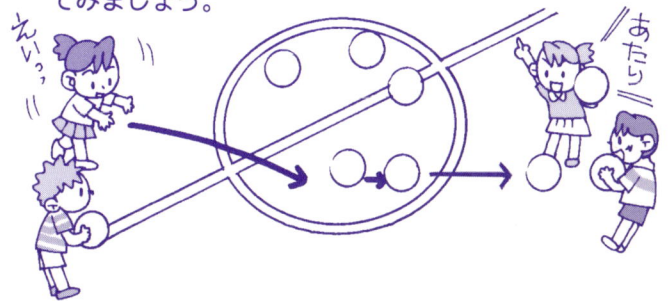

えいっ
あたり

6 フィルムケースごま 長く回れ！

こまは，ひと所で静かに長く回るものがよいこまです。フィルムケースを材料にそういうこまができるよう工夫して，こま回し大会をします。

6 力で遊ぶ…弾性、慣性など

用意するもの
フィルムケース，竹ぐし……人数分
千枚通し（目打ち）

声かけ

見本を取りだして回して見せ，
「フィルムケースごま大会をやろう」

つくり方

1. フィルムケースの底とふたの中心に千枚通しで小さな穴を開けます。
2. ケースとふたの穴に竹ぐしを通します。
3. できあがったこまを回してみて，静かに（ガタガタしないで）長く回るように調節します。

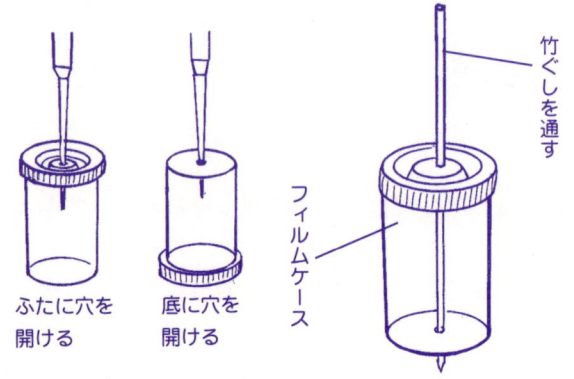

ふたに穴を開ける　底に穴を開ける　フィルムケース　竹ぐしを通す

遊び方

1. 各グループ内で一斉にこまを回して，だれのこまがいちばん長く回るかを競います。
2. グループチャンピオン同士で，チャンピオン大会をします。

3 チャンピオンのこまをみんなで見て，静かに長く回ることを確認し，どこがよいのかを話し合います。それをもとに各自が再度，調整しましょう。

6 力で遊ぶ…弾性、慣性など

発展

1 色画用紙を1cm幅くらいに切ったリボンを，フィルムケースごまの下部に巻き付けて重くすると，もっとすてきに回るこまができて，うれしくなるでしょう。

2 子どもたちが家にある好みの材料で工夫してつくったこまを持ちよって，オリジナルごま大会をやるのもよいでしょう。

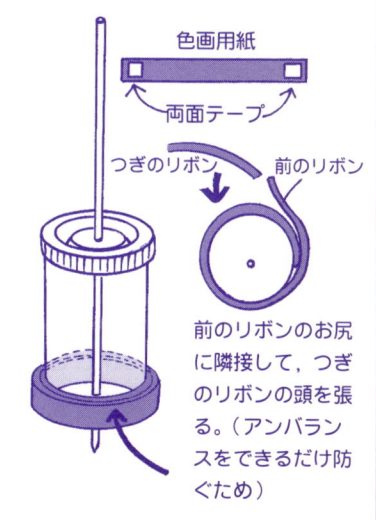

前のリボンのお尻に隣接して，つぎのリボンの頭を張る。（アンバランスをできるだけ防ぐため）

7 高くとべ！

ゴムの弾性を利用したピョンとはねるおもちゃを
つくり，高く飛びはねさせる競争をします。

用意するもの
- 輪ゴム（No16）……1箱
- 工作用紙……人数分
- はさみ，セロテープ

6 力で遊ぶ…弾性、慣性など

声かけ

見本を取りだし，ピョンとはね上がるところを見せます。
「高くとぶピョンをつくろう」

つくり方

1. 工作用紙から5cm×6cmのパーツを2枚切り取ります。図のように「切り込み」を入れます。
2. 1～2mmはなして，セロテープで2枚を張り合わせます。
3. 輪ゴムを切り込みにかけます。

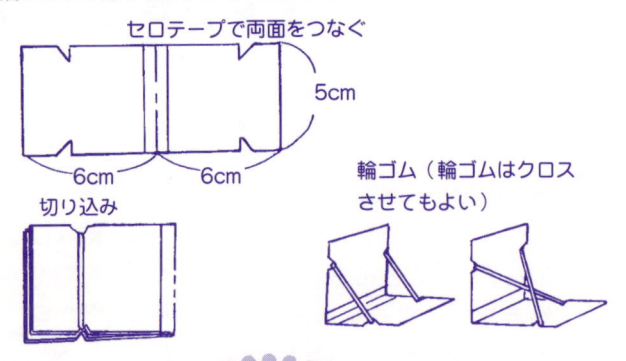

セロテープで両面をつなぐ
5cm
6cm　6cm
切り込み
輪ゴム（輪ゴムはクロスさせてもよい）

遊び方

1. 右ページの図のようにたたんで，机上に置き，手をはなすと，ゆっくり開いて，ピョンとはね上がります。
2. 並べてとび上がらせて，より高くとび上がったものがチャンピオンです。
3. まずグループでチャンピオンを決め，チャンピオン大会をしましょう。チャンピオンが，うまくできたコツを発表します。

こちらの面を表にたたむ

6 力で遊ぶ…弾性、慣性など

発展

1. 上にとばすだけでなく，机から机へとび移るようにもできます。右手から左手へもよいでしょう。
2. ゴムの強さを変えたり，牛乳の紙パックや段ボールの紙でつくってみましょう。
   ゴムが強すぎると紙が折れてしまう，折れないように紙を厚くすると重くなってしまう，などの問題がわかるでしょう。

8 シャクトリムシすすめ！

紙の弾性を利用して，シャクトリムシのように体を曲げたり縮めたりして前に進む紙のレースです。

用意するもの
- 画用紙……グループ数分
- ストロー……人数分
- はさみ

6 力で遊ぶ…弾性、慣性など

声かけ

見本を取りだし，机の上に置きます。
つづいてストローを取りだしてⒶの部分を吹くと，紙は伸びたり縮んだりしながら前へ進みます。
「これをリレーして，はやくゴールしたチームが勝ちです」

遊び方

1. 5～6人のグループに分かれます。
2. 画用紙を5cm×20cmに切り，図のように折ってシャクトリムシをつくります。
3. ストローでⒶの部分を吹くと伸び，吹くのをやめると縮みます。
4. 各グループの机を横に並べて，端にシャクトリムシを置きます。
5. 合図とともに，1番手がフッフッとストローで吹いて机1つ分移動させ，次の子にタッチします。
6. 次の子はまた机1つ分進んで，交代します。こうしてリレーして，反対側の端までついたらゴール。
7. 競争に参加していないグループは審判団になり，シャクトリムシのように進んだかを判定します。紙を勢いよく吹き飛ばして進めたら反則負けとします。

発展

いろいろな紙を使ったり，形などを工夫してやってみましょう。

画用紙

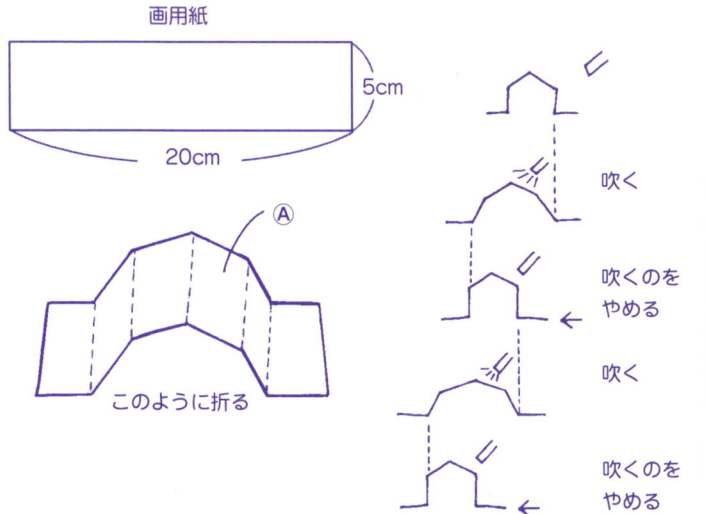

20cm × 5cm

Ⓐ このように折る

吹く
吹くのをやめる
吹く
吹くのをやめる

6 力で遊ぶ…弾性、慣性など

9 紙抜きリレー

広げた新聞紙の上に水を入れたコップを置きます。新聞紙をサッと引き抜くと，コップは倒れません。これをリレー遊びにしましょう。

6 力で遊ぶ…弾性、慣性など

用意するもの
プラ製のコップ（水を半分くらい入れる）……人数分
新聞紙（1ページを3等分したもの）……人数分

声かけ

新聞紙の上にコップを置き，
「さて，この新聞紙を抜きます」
　新聞紙を引き抜くと，コップは倒れず，中の水がゆれています。

コップ
（水を半分くらい）

遊び方

1. グループごとに机を動かして，横一列に並びます。各自が自分の前にセットします。
2. 合図とともに最初の子が新聞紙を引き抜き，成功したらとなりの子にタッチ。コップを倒したら，その子からやりなおします。
3. いちばん早くリレーできたグループが勝ちです。

発展

1. コップの水の量をふちのほうまで増やして，少しもこぼさないように引き抜けるでしょうか。
2. 新聞紙の上にコップを置く位置を変えてみたら，どうなるでしょうか。
3. コップの数を2個，3個と増やしたらどうでしょうか。いろいろやってみて，その結果を発表しましょう。

6 力で遊ぶ…弾性、慣性など

1 形づくりゲーム

何個かの正方形を組み合わせて，いろいろな図形をつくることができます。正方形のカード4枚，そして5枚で図形づくりをして，見つけ出した数を競います。

用意するもの
工作用紙（1/2）……グループ数分
記録用の画用紙……グループ数分
はさみ

7 プラスワン

声かけ

3枚の正方形カードを取り出して，①②③のようにいろいろな形を組み合わせてつくれることを見せます。

このうち②は裏返せば③と同じ形になりますので，1種類と数えるという約束を決めます。（回転させれば同じ形になる場合も同様です。）

「では，最初はカード4枚で，つぎに5枚で形づくりをしましょう」

遊び方

1. 4人で1グループをつくります。グループごとに工作用紙から5cm×5cmの正方形を4枚切り取ります。
2. 5分間にいくつの図形を見つけだせるか，グループごとに競争します。4人で知恵をしぼって見つけるようにします。
3. 見つけた図形は画用紙に記録していきます。
4. 続いてもう1枚正方形を切り出します。
5. 今度は5枚のカードを使って，5分間にいくつ図形を見つけられるか競争します。
6. 各グループの記録紙を張り出し，どんな形ができているか，みんなで確認します。

   見つけた図形の数が，もっとも多いグループの勝ちです。

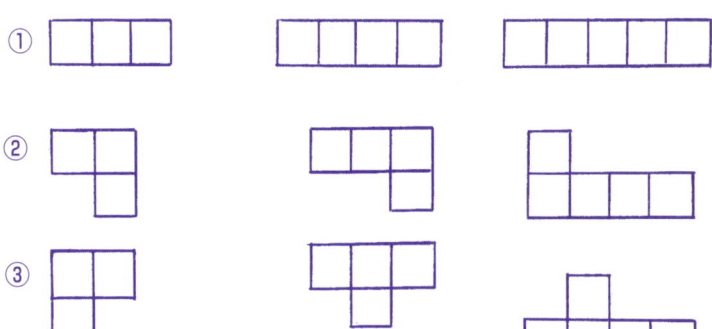

【3枚の場合】　【4枚の場合】　【5枚の場合】

①

②

③

②と③は同じ図形と考える。
（線対称，点対称の図形は1種類と数える）

7 プラスワン

発展

5枚で見つけた図形の中から，箱がつくれるものを選びます。
その図形を工作用紙に写し取って切り抜き，組み立てると，ペン立てができます。

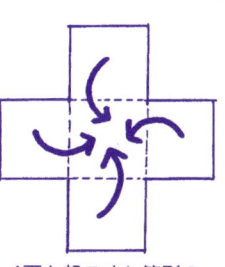

4面を起こすと箱形のペン立てになる

編著者紹介

●

えがわたきお
江川多喜雄

1934年　長野県生まれ

現在

自然科学教育研究所代表
科学教育研究協議会

著書

『科学で遊ぼ　おもしろ実験ランド』
『人体のふしぎ　子どものなぜ？に答える科学の本』
『校庭の科学　生きもの観察ランド』『科学で遊ぼ　台所は実験室』
『これだけは教えたい理科』『まるごと科学工作』（以上　いかだ社）
『かんたん科学あそび』『手作りおもしろ実験』全6巻（草土文化）
『台所のかがく』全3巻（大月書店）
『輪ゴムのメカ』『フィルムケースのメカ』『紙ざら紙コップのメカ』
『日本の地震と大地を学ぶ』『見つける・つくる生活科』
『心障学級の12カ月』（以上　星の環会）
『すべての物に温度がある』（自然科学教育研究所）
『小学校理科の学力』（子どもの未来社）ほか

自然科学教育研究所

〒114-0023　東京都北区滝野川7-39-3-201
TEL ＆FAX　03-3916-3213

イラスト●桜木恵美

編集●中小路 寛

ブックデザイン●渡辺美知子デザイン室

教室でできる クイック科学遊び

2004年3月12日 第1刷発行

編著者●江川多喜雄©
発行人●新沼光太郎
発行所●株式会社いかだ社

〒102-0072 東京都千代田区飯田橋2-4-10 加島ビル
TEL 03-3234-5365　FAX 03-3234-5308
振替・00130-2-572993
印刷・製本　株式会社ミツワ

乱丁・落丁の場合はお取り換えいたします。
ISBN4-87051-148-7

●いかだ社の本

科学で遊ぼ おもしろ実験ランド クイズQ&A70
江川多喜雄編著　A5判200ページ　定価（本体1800円＋税）

科学で遊ぼ 台所は実験室 ふしぎなことがよ～くわかる14章
江川多喜雄編著　A5判144ページ　定価（本体1800円＋税）

人体のふしぎ 子どものなぜ?に答える科学の本
江川多喜雄編著　A5判152ページ　定価（本体1800円＋税）

校庭の科学 生きもの観察ランド 四季の草花・虫 さがしてみよう 調べてみよう
江川多喜雄・関口敏雄編著　A5判152ページ　定価（本体1800円＋税）

まるごと科学工作 走る! 光る! 動く! ふしぎがいっぱい
江川多喜雄編著　A5判96ページ　定価（本体1300円＋税）

これだけは教えたい 理科 新学習指導要領から削除された[教科書にない]重要内容とは
江川多喜雄編著　A5判128ページ　定価（本体1600円＋税）

これだけは教えたい 算数 新学習指導要領から削除された[教科書にない]重要内容とは
和田常雄著　A5判128ページ　定価（本体1600円＋税）

算数わくわく楽習（がくしゅう）ランド クイズ&遊び&ゲーム70
和田常雄編著　A5判176ページ　定価（本体1800円＋税）

壁面ポップ&イラストBOOK 教室で役立つカラーコーディネート満載!
桜木恵美イラスト・後藤阿澄カラーコーディネート　B5判96ページ　定価（本体1800円＋税）

壁面おり紙 スペシャルBOOK キュートなおり紙でつくる教室飾り
山口真著　B5判96ページ　定価（本体1800円＋税）

らくらく天井飾り スペシャルBOOK 教室空間を彩るコーディネート12カ月
堀田直子編著　B5判96ページ　定価（本体1800円＋税）

室内遊び・ゲーム ワンダーランド いつだって楽しめちゃうベスト92
木村研編著　A5判176ページ　定価（本体1800円＋税）

まるごと小学校運動会BOOK 子どもがよろこぶ楽しい種目がいっぱい!
黒井信隆編著　A5判192ページ　定価（本体1800円＋税）

体育遊び・ゲーム ワンダーランドPART.1／PART.2
黒井信隆編著　A5判192ページ（PART.1）／152ページ（PART.2）　定価各（本体1800円＋税）

障害児の遊び・ゲーム ワンダーランド 校庭・室内、どこでも楽しい体育遊びベスト87
竹内進編著　A5判196ページ　定価（本体1800円＋税）

人間オーケストラ 体は楽器だ! 『千と千尋の神隠し』を演奏しよう
高橋寛・田中ふみ子編著　B5判96ページ　定価（本体1500円＋税）

スーパースクール手品 子どもと楽しむマジック12カ月
奥田靖二編著　B5判96ページ　定価（本体1400円＋税）

スーパー紙とんぼ ワンダーランド 指とんぼからジャンボとんぼまでベスト28
鎌形武久編著　B5判96ページ　定価（本体1500円＋税）

つくって楽しいスーパー紙ブーメラン ワンダーランド 手軽にできてクルクルよく飛ぶ!
山口理編著　B5判88ページ　定価（本体1500円＋税）

動物が飛ぶ! 怪獣・ロボットが行く! スーパーおり紙ヒコーキ おもしろキャラクター16機
戸田拓夫著　B5判96ページ　定価（本体1400円＋税）

おり紙ヒコーキ ワンダーランド やさしくおれてよく飛ぶ19機
戸田拓夫著　A5判100ページ　定価（本体1300円＋税）

おり紙たこ&カイト ワンダーランド かんたん! よくあがる! ベスト26
土岐幹男編著　B5判96ページ　定価（本体1500円＋税）